AF359295

JE VOUS PRENDS
SANS VERD.

DIALOGUE ENTRE DEUX FILLES,
au sujet des differens Mays qui leur sont
presentez par leurs Amans.

CIDALISE, EMILIE.

CIDALISE.

J'Etois en peine d'avoir de vos nouvelles,
mais vous m'avez prevenuë fort à propos.

EMILIE.

Ah! pour le coup je vous prends sans Verd: Vous
ne vous souvenez plus apparemment de la parole
que nous nous donnâmes hier aux Tuilleries, ni
de la conversation que nous y eûmes?

CIDALISE.

Comment voudriez-vous qu'une Fille comme
moy, occupée depuis je ne sçay quelle heure à
recevoir les Mays que tous ses Amans luy ont
envoyez, pût se ressouvenir de tout? Il faudroit
n'avoir guere à faire.

EMILIE.

Ne nous ferez-vous point voir de ces presens?

CIDALISE.

Vous m'êtes trop aimée pour vous le refuser; &

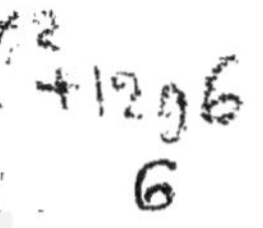

A

j'en étois sur le dessein de vous envoyer chercher lorsque vous êtes entrée ; d'ailleurs, cela nous fournira de matiere pour achever l'entretien que vous avez hier entâmé sur les differens caracteres de nos Amans.

EMILIE.

Prenez garde à les épargner un peu ; car j'y ay plus d'interêt que vous ne pensez ; & je pourrois peutêtre bien vous prendre sans Verd.

CIDALISE.

Je suis naturellement assez sincere, c'est pourquoi je vous dirai tout net ce que j'en pense.

EMILIE.

On se flate quelquefois d'être insensible, & souvent dans le moment qu'on croit se le rendre, c'est lorsqu'on devient plus tendre que jamais.

CIDALISE.

Je connois trop les rusés des Hommes pour m'y laisser seduire ; & je ne regarde l'hommage de cette foule d'Amans qui m'environne, que comme une saillie capable de me divertir. En un mot, ma Bonne, si vous n'avez point d'autre artifice pour me prendre sans Verd, je crains pour vous que vous n'y soyez prise vous-même. Mon cœur a pris son parti, & je suis assez judicieuse pour ne pas l'en dédire.

EMILIE.

Je le croy ; mais voyons donc un peu ces Mays que l'on vous envoie.

CIDALISE.

Asseyez-vous, & je vais satisfaire à vôtre curiosité. Celui-ci n'est pas un des moins considerables, non pas tant par la valeur que pour le ridicule qu'il nous represente, & le caractere du Personnage qui me le fait : c'est un Vertugadin à la pretintaille, comme vous voyez, & des mieux entendu de son siecle.

EMILIE.

Quelle anticaille est-ce là ? Je ne connois que Menippe qui puisse vous faire un present aussi extravagant que celui-là.

CIDALISE.

Vous l'avez deviné. Sçavez-vous qu'il y a plus de deux ans qu'il me fait feste de sa liberalité ? Enfin il a fait un dernier effort aujourd'hui pour m'en faire voir un échantillon si remarquable ; & je le tiens d'autant plus precieux, que ce vieux Bijoux n'étoit destiné que pour une Personne à qui il s'uniroit pour jamais, c'est à dire qui devroit être sa Femme : Jugez de là quel est mon bonheur. Et quand il n'y auroit que la victoire que je remporte sur son avarice, ne dois-je pas être contente de mon sort ?

EMILIE.

Quelle recompense luy preparez-vous ? Car enfin cela merite une reconnoissance du moins proportionnée à son sujet.

CIDALISE.

Je m'en suis déja acquitée. Je luy ay envoyé par le Porteur du Present une paire de Lunettes, afin qu'il n'y regarde plus de si prés ; & un Pourpoint en falbala où j'ay eu soin d'y faire ajoûter deux grandes basques pour recevoir la foule des grands-mercis que je luy prepare, avec le même compliment qu'il m'a fait, conçû en ce peu de mots : *Esperez comme j'espere.* Il est court, com-

me vous voyez, mais je n'y ay voulu rien changer
tout ce que j'y ay ajoûté, c'est un ordre exprés qu
je luy donne de me venir voir dans cet ajuftement
je luy ay marqué même que je me ferai gloire d
me parer de l'Ornement dont il me fait prefent

EMILIE.

On ne peut pas le joüer plus naturellement ; &
ce compliment me paroît affez convenable a
naturel de ce Perfonnage ; car tous les avares er
font logez là, ils croient qu'on leur en redoit d
refte quand ils ont prêté à ufure un devoir qui n
doit s'offrir que comme la marque d'une recon-
noiffance, ou du moins d'une fatisfaction pure &
defintereffée : Ce que je dis ne tombe pas feulemen
fur Menippe, car il n'a encore rien fait qui merite
recompenfe, ou plutôt ce qu'il a fait meritoit cell
qu'il a eüe ; mais furtout, ceux qui forçant leur
propre nature, prodiguent à regret des bienfaits
dont ils demandent dans leur cœur l'interêt au
centuple, qui ne font liberaux envers les autres que
pour les obliger à le devenir envers eux : Encore
quand cet échange ne fe demande qu'aux dépens
de l'amour, ou qu'il fe fait de l'amour même, il
n'eft pas difficile de trouver de quoy en payer les
interêts ; & on fe fait toûjours plaifir de les indem-
nifer avec ufure. Mais des cœurs fordides pleins
de crapules, croiroient-ils aveugler des yeux auffi
clairvoyans que ceux de l'amour, par un brillant
de fi peu de durée. Non ils fe trompent ; & entre
nous, il faut plus d'un Vertugadin & plus d'une
Pretintaille, pour nous embaraffer le cœur : Et
tout Homme qui n'a qu'une liberalité paffagere,
& qui ne s'infinue point chez nous en nous fati-

guant par d'heureuses importunitez ; en un mot,
qui y regarde d'aussi prés que Menippe, merite
bien une paire de Lunettes pour l'empêcher de
fatiguer sa vue, ou pour mieux dire ses vues ; & Menippe ne seroit point un Epoux à si bon marché.

CIDALISE.

Je suis bien de vôtre sentiment, & je vous réponds
qu'un Homme de ce caractere ne sera jamais le
mien, j'ay trop d'antipathie pour l'avarice. Non
seulement un vieux avare m'est insupportable,
mais un jeune Homme orné de tout le merite le
plus éclatant, s'il étoit soüillé de ce vice, me de-
viendroit odieux à l'excés. L'estime que je fais du
vieux Menippe, est une preuve convaincante du
mépris que j'ay pour tous ceux de son caractere,
je me divertis de luy comme du plus grand extravagant de la Terre. Laissons là cet hypocondre,
cherchons quelque chose de plus rejoüissant. Voici
le present que m'a fait le Baron d'Escarbanas, ce
Billet merite bien que nous le lissions avec attention. Le stile dont il est écrit est des plus grotesques
& des plus extravagants ; rien n'est plus capable
de nous rejoüir : Voici ce qu'il contient.

BILLET DU GASCON.

Je vous prends sans Verd, ou Dieu me damne ;
le Soleil n'est qu'une mazette auprés de moy. Je
parie qu'avant qu'il soit levé, je vous aurai pris
mille fois sans Verd : Je vous envoie une feüille
de Saule, cadedis, il n'y en a pas pour les Pages ;
vous la recevrez comme vous l'entendrez, il
m'importe peu, pourvû que je sois toûjours,

D'ESCARBANAS.

A iij

EMILIE.

Voilà un veritable Gascon, & je le reconno[i]
à ses folies.

CIDALISE.

Je luy ay renvoyé un present qui vaut bien [le]
sien ; & la lettre que je luy ay écrite luy rend bie[n]
son change. On luy a porté de ma part une feüill[e]
d'Ellebore, avec une Lettre conçuë en ces termes[.]

LETTRE DE CIDALISE.

Le Soleil ne s'est point levé sans que vous m'aye[z]
prise sans Verd ; mais j'espere en revanche, que l[a]
Lune ne se levera pas sans que je vous y prenn[e]
aussi. Voilà une feüille d'Ellebore que je vou[s]
envoie ; j'ay couru toute l'Isle d'Anticyre pou[r]
trouver un Present qui soit digne de vous, j[e]
vous l'envoie, recevez-le à vôtre mode, & croye[z]
que je suis toûjours,   CIDALISE[.]

EMILIE.

On ne peut le payer d'une meilleure Monnoie[.]
Il faut que je vous fasse rire d'une aventure qui luy
arriva il y a quelques jours dans les Tuilleries[.]
Gascons sont toûjours aventuriers. Je me prome[-]
nois dans la grande allée avec une Personne d[e]
mes amis, il nous aborda à sa maniere, c'est à dir[e]
d'un air de Gascon. Deux Dames qui nous sui[-]
voient s'arrêterent pour le considerer, surprise[s]
apparemment de voir un Personnage si extraordi[-]
naire. Son Valet qui le suit comme un barbet
vint le tirer si fort par la manche, que je crus qu'i[l]
l'avoit emportée. Monsieur, cadedis, Monsieur
que nous demandent ces Dames ? Le Maître plu[s]
fou que son Valet, répondit d'un air qui nous fi[t]
pâmer de rire ; Cadedis, coquin, laisse-les s'enivre[r]

d'amour. A ce mot nous redoublâmes nos ris de plus belle.

CIDALISE.

A le prendre sur le serieux, cela ne vous fait-il pas pitié ? Et pourroit-on croire que des Hommes seroient assez foibles pour s'imaginer qu'on se laisse charmer à brûle-pourpoint ? Je veux croire qu'il y a des Femmes qui ne sont que trop susceptibles d'amour, ou pour mieux dire de folie ; mais je ne sçaurois me persuader qu'une Personne sage puisse jamais tomber dans de pareilles saillies : Non, je rends justice aux Hommes, & je croy que tout autre qu'un Gascon ne sçauroit avoir de semblables sentimens. Il est vray cependant qu'il y en a qui sont tellement infatuez de leur merite, qu'ils s'imaginent que toutes les Femmes les adorent. Helas ! ils ne sçavent pas combien nous sommes jalouses de l'hommage qui nous est dû. Pour moy, quand je trouve un Homme assez fat pour s'en faire accroire jusques à ce point, je n'épargne rien pour le fortifier dans son erreur, & pour m'en procurer le divertissement qu'il en faut attendre: Vous n'avez qu'à en consulter d'Escarbanas, il vous dira que je l'aime à l'adoration ; & je joüe si bien mon personnage auprés de ce fat, qu'il n'a pû encore reconnoître qu'il est l'objet de mon divertissement.

EMILIE.

Mais n'apprehendez-vous point de l'outrager ? Et croyez-vous qu'on ne doive point craindre un Gascon amoureux ?

CIDALISE.

Appellez-vous amour ce qui n'est que folie ?

Non, ma Chere, tréve de compliment, c'eſt une
gaſconade que je veux bien recevoir de vous, mais
non pas d'un Gaſcon ; ſi il avoit des aîles ce ſeroit
de tous les animaux le plus leger ; par conſequent
il eſt incapable de s'arrêter en aucun lieu ; tout le
charme, tout le brûle, tout le dévore ; & entre
nous ; c'eſt un amour à la gribouïllette, ſes ſermens
ſont tout de feu, mais ſa foy n'eſt que de fumée,
il n'y a rien de fixe dans un Gaſcon, & tout autre
de ce caractere merite bien qu'on le qualiffe du
titre de Gaſcon.

EMILIE.

Vous voulez donc dire qu'il n'y a pas de Gaſco-
nes ? Bagatelles. Vous à qui je parle, ſi l'on vous
obligeoit de tenir vôtre parole, ne ſeriez-vous point
d'humeur à donner des gaſconades ; & vôtre cœur
ſeroit-il toûjours d'accord avec vôtre bouche ?
Fixeriez-vous vos inclinations comme vous feriez
vos ſermens ? Non ſans doute ; le but de l'un ne
ſeroit pas égal à l'autre.

CIDALISE.

Vôtre préjugé eſt faux à mon égard : Oüi, je
me fixerois ſi je ne l'étois pas déja, pourvû que
je trouvaſſe un Homme qui ſe fixât luy même ;
mais dés que je ne trouve que des Gaſcons, je leur
donne autant de gaſconades qu'ils m'en donnent,
& je ſuis d'humeur à leur dire ce que diſoit nôtre
fou de Baron ; Laiſſe-les s'enivrer d'amour.

EMILIE.

Je ne me déchaîne pas contre les Hommes comme vous faites, il eſt vray auſſi que je ſuis plus
ſenſible à leurs interêts que vous.

CIDALISE.

Jusques à l'heure qu'il est je me suis toûjours fait une gloire de donner de l'amour, & je suis encore à en prendre : Je ne mets même au nombre de mes beaux jours que celui où je conte le plus d'esclaves à ma suite ; c'est une petite guerre où mes yeux se plaisent fort, & ils en reviennent tres peu sans avoir fait quelque prise.

EMILIE.

On ne peut être plus peste que vous l'êtes ; je voudrois de tout mon cœur que quelqu'un pût vous prendre sans Verd, je serois la premiere à mettre la main à l'œuvre pour vous attraper.

CIDALISE.

Je vous croy trop de mes amies pour le faire.

EMILIE.

J'en suis encore plus que vous ne pensez : Et si vous me connoissiez à fond, vous seriez encore plus persuadée de l'interêt que je prends à vôtre cœur.

CIDALISE.

Je sçay que vous êtes toute obligeante à mon égard ; & je conte beaucoup sur vôtre amitié, mais brisons là-dessus. Je vais vous montrer le Present que m'a fait Istrigene, vous connoîtrez le caractere du Personnage.

EMILIE.

Il est des plus ridicules.

CIDALISE.

Vous en jugerez mieux par sa Lettre que voici.

LETTRE D'ISTRIGENE.

Mon cœur est presque tombé en défaillance, quand je me suis ressouvenu ce matin que je devois vous declarer aujourd'hui combien le vôtre m'est precieux. J'ay rêvé longtemps; je me suis consulté; enfin j'ay resolu de me vaincre moy même. Je vous presente mon cœur avec cette feüille de Romarin que je vous prie d'accepter de la part,

D'ISTRIGENE.

Et moy, je luy ay renvoyé un flâcon d'Eau de la Reine d'Hongrie; & j'ay chargé le Messager de luy dire que c'étoit l'essence du Romarin qu'il m'a envoyé. Et comme c'est un Remede infaillible pour les vapeurs, je le prie de s'en servir, parceque je crains qu'il n'y soit sujet. Il m'a fait present outre cela d'une bourse de Jettons, & d'un Tarif pour la diminution des Monnoies : Present bien galant pour un Amant. Et je luy donne en revanche une douzaine de Jeux de Cartes pour joüer avec ses Amis; mais je croy luy avoir plus fait de plaisir que je ne pense; car il ne manquera pas de les rendre plus utiles que je ne me l'imaginois; il en fera sans doute des étiquettes sur ses sacs.

EMILIE.

Quelle occupation pour un jeune Homme! Quoy! sécher sur un zero : Je le pardonnerois à Menippe. Car enfin, ce n'est pas un grand miracle de trouver un vieux avare, & même c'est un vice supportable dans la vieillesse. Mais un Homme dans le primtemps de son âge faire banqueroute à toute sorte de societé, pour faire sa retraite dans une occupation aussi sordide & aussi insupportable que celle de l'avarice : Un Homme enfin, qui pour ses interêts mêmes auroit besoin d'une Compagne, s'éfaroucher luy même sur cette resolution, c'est ce que je ne sçaurois comprendre. Istrigene n'a de

ommerce qu'avec son argent ; en peut-on trouver
e plus honteux ? Il en fait l'objet de ses plus ten-
lres vœux ; en est-il de plus criminels ? Je m'éten-
lrois volontiers là-dessus, mais je conterois trop
le temps perdu : Les Jettons qu'il vous a envoyé
ne suffiroient pas pour en faire le calcul.

CIDALISE.

Le Present qu'il m'a fait est le plus cher objet de
es occupations pour moy, je ne suis pas d'humeur
à en faire celui de la mienne. Aussi Istrigene pour-
roit bien se méconter, & ne pas s'accommoder de
moy non plus que je m'accommoderois de luy.

EMILIE.

Cependant il cherche une Femme, & ignore
encore ce qui le peut empêcher d'en trouver : Il
paye assez bien de sa Personne, il est riche, imbe-
cille à la verité ; & c'est ce qui me surprend : Car
si l'on en croit le Proverbe, un Homme qui a du
bien a de l'esprit.

CIDALISE.

Il ne faudroit pas connoître Istrigene comme je
le connois, pour ne pas vous répondre que l'indo-
lence qui met son amour à l'agonie, ne vient que
de ce que son cœur n'a plus de vie que pour son
argent. Il voudroit une Femme riche, belle, &
vertueuse, au moins à ce qu'il dit ; car pour la
Beauté & la Vertu je croy qu'il passeroit volontiers
par dessus, pourvû qu'il trouvât dans son coffre de
quoy l'en dédommager.

EMILIE.

Vous me faites là un portrait de luy que je n'avois
point encore envisagé de si prés. Mais plus j'exa-
mine les traits, & plus je le trouve ridicule ; & je

vous jure qu'ils effacent beaucoup de l'estime que
j'avois conçuë de luy. Je ne connois guere de
Peintre plus habile que vous pour la ressemblance,
chaque coup de pinceau que vous donnez est un
trait achevé.

CIDALISE.

Ce n'est pas là le seul Original que j'ay à vous
representer : Je ne veux que tourner la Medaille,
vous verrez un caractere tout opposé à celui que
je viens de vous peindre. Istrigene est un avaricieux
insupportable : Damis est un prodigue, & qui outre la liberalité jusques à l'excés, il n'a pas manqué
à son devoir non plus que les autres ; mais ses Presens m'ont bien moins touchez que le Compliment
qu'il m'envoie. Il est tout spirituel ; & pardessus
cela, animé du style dont la vivacité ne luy est pas
extraordinaire. Damis, entre nous, a l'air persua-
sif, ses paroles paroissent toutes sinceres, il a même
une apparence de vertu qui frape ; ajoûtez à cela
une generosité sans borne : N'en est-ce pas assez
pour plaire au Sexe ? Mais ces charmes n'ont jamais
fait d'impression sur mon esprit. Si j'étois susceptie-
ble de pareille foiblesse, Damis seroit le plus propre à m'en imposer. Voici le Billet qu'il m'a écrit,
ce sont des Vers d'un goût tout charmant. Le sujet
de la matiere en est tout galant : Ecoutez.

LETTRE DE DAMIS.

De vous prendre sans Verd je perd toute esperance,
Vôtre cœur n'a toûjours que trop de prévoyance,
Plus fort que la Nature il ne craint point l'hiver :
Quelle est donc la saison de vous prendre sans Verd ?
C'est celle, dit l'Amour, où je prendrai naissance.
De vous prendre sans Verd je perd donc l'esperance :

Mais

Mais pourtant s'il vouloit être de mes amis,
Il vous prendroit sans Verd aussibien qu'il m'a pris;
Pourquoi m'y prenoit-il avant qu'il vous eût prise?
J'attends ce doux moment, charmante Cidalise,
Qu'il restituë un jour à l'espoir que je perd,
Le plaisir que j'avois de vous prendre sans Verd.

DAMIS.

EMILIE.

On ne sçauroit rien imaginer de plus galant ni de plus spirituel.

CIDALISE.

Cette Lettre est accompagnée d'un Eventail dont la mignature est toute des plus fines & des plus galantes. Le Peintre y a représenté une barque flotante que deux Amours tirent vers un rocher, sur lequel un autre Amour tient une anchre : Autour de cette barque vous y lisez cette inscription; *Elle ne craint rien, pourvû qu'elle y arrive.* Ajoûtez à cela un Bouquet construit aussi galamment que le reste ; une Symphonie des mieux concertée a fait la clôture d'un Present si charmant. Jugez si tout cela n'est pas suffisant pour persuader qu'il n'est pas apprentif dans l'art de surprendre tout à la fois l'Ame & les sens.

EMILIE.

Quand l'amour une fois se rend maître d'un cœur,
En vain il combat sa puissance :
Il ne faut qu'un moment pour le faire vainqueur
De la plus fiere resistance.

CIDALISE.

Cela est vray : Mais le mien est au dessus de toutes ces attaques; ce sont des petits brillants qui ne sçauroient m'aveugler, & je sçay fort bien me garantir

de tous ces faux-fuyans, surtout lorsque l'issuë ne
tend qu'à nôtre perte. La grande route est toûjours
la plus sûre pour ne point s'égarer. En effet, que
peut-on conjecturer d'une prodigalité pareille à
celle de Damis? Il n'est pas si liberal, ou pour mieux
dire, si desinteressé que l'on le pense; il a ses vuës,
& je les pénétre même assez pour vous dire qu'elles
ne sont pas legitimes; la plûpart des Hommes sont
de ce caractere: Et il n'en faut pas davantage pour
vous faire entendre que rien n'est plus pernicieux
que de faire fond sur une vertu si generale, mais
qui dans chacun en particulier est un vice fort à
craindre. Pour moy, un Homme me donneroit des
Royaumes entiers, & me combleroit des richesses
les plus immenses, qu'il ne feroit pas la moindre
impression sur mon cœur, si je n'étois prevenuë &
plainement convaincuë de la pureté & de la candeur de ses intentions. La liberalité à la verité est
une vertu loüable dans le cœur de l'Homme; mais
si elle n'a qu'un dehors fardé, je ne regarde cette
pretenduë vertu que comme une tres belle fleur
qui n'a que la saison, mais qui passe aussitôt qu'elle
est éclose. Voilà, ma chere, quel est mon sentiment
à l'égard de Damis.

EMILIE.

Quoy! vous croyez que cette generosité qui
éclate dans le cœur de Damis, seroit plûtôt un effet
de sa mauvaise inclination qu'une preuve authenti-
que de la pureté de ses sentimens. Pour moy, je ne
le croy point capable d'attenter sur la vertu d'une
Fille.

CIDALISE.

Ne l'excusez point d'un vice dont j'ay trop de

connoiſſance. Je ne ſerois pas la premiere à qui Damis auroit tendu de ſemblables pieges. Mais ce ſont des intrigues où la vertu, graces au Ciel, m'a rendu fort habile. Damis ne me joüëroit pas le même tour qu'il a joüé à une de mes Amies : C'eſt une Fille d'une Maiſon dont la Nobleſſe & le gros bien luy donnoient un grand éclat dans le monde. Damis crut qu'il pouvoit s'en faire aimer : Il a du merite, vous le ſçavez, & par ſa naiſſance, & par un dehors qui charme tous ceux qui le voient ; il ſeroit inutile de vous en retracer le portrait, il ſuffit de vous dire qu'il a l'air tres perſuaſif.

EMILIE.

Sur cela je me porte caution pour luy.

CIDALISE.

Ce fut ce qui gagna le cœur de cette jeune Damoiſelle : Et comme il a un gros bien qui luy donne lieu de tout entreprendre, il amorça cette Belle par des Preſens magnifiques, des Collations, des Concerts ; en un mot, il n'oublia rien de tout ce qui pouvoit contribuer à l'avancement de ſon projet, ſes démarches furent ſi bien ménagées qu'il en vint au but qu'il s'étoit propoſé, aprés avoir longtemps deſiré cette aimable Perſonne pendant plus de deux ans, il n'en fut pas plûtôt raſſaſié, qu'il ne l'aima plus que d'une tendreſſe feinte & diſſimulée, vice ordinaire à tous les Hommes de ce caractere. Enfin laſſé de voir un objet qui n'avoit plus rien de charmant à ſes yeux, il réſolut d'abandonner celle à qui il avoit juré il n'y avoit pas longtemps une foy indiſſoluble. Les Hommes ne ſont jamais avaricieux de pareils ſermens. Le temps étoit venu où il falloit effectuer cette promeſſe, parceque le

myſtére s'en découvroit de jour en jour : Dés qu'il
vit qu'il n'y avoit plus moyen de le cacher, il re-
doubla les proteſtations qu'il avoit faites auparavant, il fit à ſa Maîtreſſe mille ſermens qui n'étoient
pas plus veritables que les premiers ; au contraire,
plus faux dans le fond, & plus induſtrieux en apparence. Enfin il perſuada à cette Amante infortunée, qu'il vouloit s'acquiter de ſa parole.

Les Vœux qu'on fait dans le naufrage
Ne ſont ſouvent que trop ardens,
Mais un moment aprés l'orage
Ils deviennent un peu plus lents,
Et ſi l'on tarde davantage
Ils meurent dans le même temps.

C'eſt à quoy ne prit pas garde cette Fille trop
credule ; car il luy fit entendre qu'il vouloit faire
un tour dans ſa Province, & qu'au retour il ſatiſ-
feroit à tout ce qu'il s'étoit engagé ; de s'évader
ſans luy en rien dire, il ne pouvoit pas, parcequ'il
avoit beſoin d'argent pour faire ſon voyage, il
trouva le ſecret de tirer de cette pauvre Fille une
centaine de Piſtoles qu'elle emprunta ſur ſes Bijoux ; il luy laiſſa pour gages quelques Domeſti-
ques dont il ne vouloit plus ſe ſervir, & ne ſe
conſerva qu'un Valet de Chambre, avec qui il s'en
vint en poſte à Paris, où vous le voyez travailler
ſur nouveaux frais ; car il a oublié entierement la
parole à laquelle il s'eſt engagé ſi ſolennellement.

EMILIE.

A ce conte la pauvre Enfant n'a qu'à l'attendre
ſous l'orme.

CIDALISE.

J'ay ſceu depuis qu'elle avoit embraſſé le parti

du celibat, aprés avoir été autant fariguée des bou-
rasques qu'elle essuyoit sans cesse de la part de ses
Parens, que rebutée de l'infidelité & de l'ingrati-
tude de ce perfide. Voilà, ma Chere, quel est le
sort d'une Fille quand elle s'expose mal à propos.

EMILIE.

Tous les Hommes ne sont pas aussi perfides que
Damis.

CIDALISE,

Je ne sçay si l'on doit vous en croire ; & si il y
en a qui ne sont pas si perfides, il s'en trouve du
moins d'aussi ingrats. Crisis ce jeune Homme veuf
depuis six mois, de la plus aimable Personne du
monde ; on peut dire qu'elle étoit achevée dans
tout ce que la Nature a de perfection, vous con-
vaincra luy même par ses propres actions, que
l'Homme est le plus ingrat de toutes les creatures:
Il est un de ceux qui soûpirent pour moy ; & je
pourrois dire avec justice qu'aprés vôtre Frere, je
n'en voy point qui fasse paroître tant d'ardeur &
tant d'empressement pour tout ce qui me peut faire
plaisir, que luy. Mais ses soins sont fort inutiles ;
& quoy qu'il soit venu en Personne me rendre un
hommage que les autres ne m'ont rendu que par
Procureur, il n'a pas eu plus de poids que les autres,
il auroit ébranlé un cœur moins ferme que le mien.
L'enjoüement avec lequel il me debitoit sa mar-
chandise étoit des plus galants que j'aye vû, joint
à un air posé qui semble peindre la sagesse au naturel, & qui en même temps donne une grande
autorité à tout ce qu'il dit.

EMILIE.

Je le trouve assez de mon goût.

CIDALISE.

Il seroit aussi du mien, si je n'étois prévenuë de son interieur. Son Present m'a plû, & je n'ay pû me dispenser de le recevoir; il n'en faut pas davantage pour vous persuader qu'il en est digne. C'est une boîte de Vermeil, qui renferme un Portrait d'une mignature achevée : Ce Portrait represente une Diane qui a beaucoup de mon-air, mais d'une touche & d'une élegance inimitable. Cette Divinité lance une fléche dans un cœur entouré d'une guirlande de feüillages, avec ces paroles autour, *Elle ne le prendra pas sans Verd.* Il m'en a fait l'explication avec tant d'industrie & si ingenieusement, que peu s'en est fallu qu'il ne m'ait persuadée. J'ay été obligée pour m'en défendre, de luy dire que j'avois à sortir, & de prendre congé de luy :

Il n'est pas bon de trop attendre
Un danger qu'on veut éviter,
Quand on commence d'être tendre
Il est dangereux d'écouter.

EMILIE.

Il devoit profiter de ce desordre ; je ne doute pas qu'il n'en eût tiré de grands avantages.

CIDALISE.

Le brillant de Crisis est incapable de m'éblouïr, il me faut quelque chose de plus solide pour m'arêter. L'inconstance qu'il a euë pour une Epouse aussi charmante que celle qu'il vient de perdre, a fait trop d'impression sur mon esprit pour me persuader qu'il pût changer en ma faveur des sentimens que la Nature luy a elle même inspirez en naissant : Et quand je vous aurai dit en bref de la maniere dont il a traité indignement cette aimable Personne, vous ne me desavouërez pas. L'Epouse de Crisis étoit belle, riche, & avoit de l'esprit infiment ; il l'aima à la verité avant le Mariage selon toutes les regles. Enfin il reçut le salaire dont sa vertu l'avoit rendu digne. Jusque là ils vécurent comme deux Amans pendant les premiers transports de l'amour folâtre, mais toutes ces vapeurs se dissiperent bientôt en fumée, ou plûtôt elles se transformerent bientôt en de terribles nuages du côté de Crisis ; cet infidele ne se souvint plus du serment & de la foy indissoluble qu'il avoit contractée volontairement : Loin d'en conserver les premieres ardeurs, il ne pensa plus qu'à les étoufer; les complaisances qu'il avoit si exactement recherchées pour se rendre plus aimable aux yeux de cette heureuse Moitié, s'affoiblirent de jour en jour ; & malgré les plaintes qu'elle luy en fit plusieurs fois, il ne put rappeller dans son ame ces momens qu'il avoit autrefois trouvez si doux & si precieux ; il l'abandonna entierement à une langueur qui enleva à cette infortunée une vie qui luy étoit depuis un temps insupportable. Vous vous imaginez peutêtre que Crisis en fut fort touché ; point dutout, il ne songea plus qu'à se dédommager du temps qu'il croyoit avoir perdu auprés d'une Femme qui le cherissoit si tendrement ; & il acheva de confondre dans quelques larmes le foible reste d'une tendresse qui s'étoit conservée malgré luy.

EMILIE.

Qu'il y a de mesures à prendre quand il est question de s'embarasser dans les liens du Mariage!

& que l'on y doit faire de reflexion avant que d'en venir à un serment si saint & si indissoluble!

CIDALISE.

Vous raisonnez avec justesse: Car si Crisis se fût consulté luy même, & s'il eût fait une reflexion serieuse sur les vuës de son amour, il auroit reconnu sans doute qu'elles n'étoient pas legitimes, puisqu'elles n'avoient pour but que l'assouvissement d'une passion brutale & inconsiderée. Et pour son Epouse, si elle avoit eu la prudence de sonder les sentimens de cet inconstant, & qu'elle ne luy eût accordé le bien qu'il demandoit qu'après une experience capable de la persuader de la candeur de son Amant, & de la stabilité d'un Epoux, elle vivroit heureuse, & comme dit fort bien l'Auteur de la felicité du Mariage, c'est là la pierre d'achopement de tous ceux qui entrent dans cet état; & de là vient qu'on voit tant de Mariages tomber, parcequ'ils n'ont jamais été fondez sur le roc, c'est à dire sur un amour pur & desinteressé.

EMILIE.

Quelque experimentée que vous soyez là-dessus, vous ne trouverez guere d'Hommes dont le cœur soit aussi pur que vous le demandez. Voilà cependant un caractere d'inconstance que je ne sçaurois approuver, & je ne croy pas qu'il soit permis d'encherir audessus.

CIDALISE.

Celui que je vais vous representer est cependant plus étrange & plus cruel. C'est de Busiris dont je veux vous parler. Vous n'ignorez pas qu'il est d'un sang audessus du vulgaire; mais ses sentimens n'en soûtiennent ni la grandeur ni le rang. Cependant

je ne rends pas juſtice à la preference qu'il me donne ; car il a pour moy un fond de tendreſſe qui
m'exciteroit au moins à la compaſſion, ſi je n'avois
un exemple familier de ſon inconſtance & de ſa
perfidie à l'égard d'une de mes plus intimes amies.
Je ne veux point vous faire un myſtere de ſon nom,
c'eſt Pulcherie, que vous connoiſſez comme moy
pour une Perſonne toute charmante & toute aimable ; ce perfide la trouva telle la premiere fois qu'il
la vit, il en fut charmé ; & enfin il l'aima. Je ne
vous dis point de quelle maniere cet amour prit
naiſſance, il ſuffit de vous dire qu'ils furent char-
mez l'un de l'autre, & qu'ainſi Buſiris n'eut pas
de peine à s'inſinuer dans le cœur de ſa nouvelle
Maîtreſſe, ce feu s'étoit toûjours augmenté depuis
ce temps, chacun d'eux tâchoit de l'animer de plus
en plus, c'étoit à qui remporteroit de nouveaux
avantages ſur le cœur l'un de l'autre. Le combat
entre eux étoit reciproque, & la victoire étoit toûjours égale ; chacun enfin s'eſtimoit heureux d'être
vainqueur & vaincu. Mais cet infidele fut le pre-
mier qui lâcha le pié à ſa conſtance ; ces jeux qui
étoient pour eux ſi charmans & ſi agreables, de-
vinrent tout à coup l'objet de ſes chagrins & de ſa
haine ; ils devoient durer éternellement, mais ils
ceſſerent en un moment. C'eſt ainſi qu'il en eſt des
plaiſirs de la vie, de quelque nature qu'ils ſoient
ils ſont toûjours de peu de durée. Enfin pour ne
vous point fatiguer d'un long recit, je parus à ſes
yeux plus charmante que Pulcherie ; il a cependant
differé quelque temps à me le faire connoître : Et
comme il vit que Pulcherie s'en étoit apperçûë, &
qu'elle luy en fit même quelque plainte, il le luy

avoüa franchement ; & il prit de là occasion de luy
dire, d'un air fort desobligeant, qu'il l'avoit choisie
pour m'en porter la parole, parcequ'il sçavoit le
credit qu'elle avoit sur mon esprit, & même luy
declara ouvertement qu'elle ne le verroit jamais
qu'à cette condition, & que si elle n'obtenoit de
moy ce qu'il luy demandoit, c'est à dire de m'o-
bliger à l'aimer, il alloit partir pour s'en retourner
dans sa Province. Voyez, je vous prie, quelle te-
merité & quel excés de cruauté, & jugez en même
temps de la surprise & de l'embaras où se trouva
l'infortunée Pulcherie. N'importe, elle ne balança
point à luy promettre tout ce qu'il voulut, tant il
est vray que l'amour est un tyran bien cruel & bien
barbare, puisqu'il oblige le plus souvent un cœur
à devenir le boureau de luy même. Pulcherie m'en
parla le soir même, je ne voulus point l'écouter :
Elle me presse, je la rebute ; & aprés luy avoir fait
comprendre l'horreur qu'elle devroit concevoir
d'une proposition aussi injuste, & qui luy étoit
aussi préjudiciable que celle-là, & la repugnance
que j'avois à y consentir, elle me conjura de souffrir
au moins la presence d'un Amant qui fait tout son
bonheur. Je ne pûs resister à un interêt si touchant,
je luy promis de permettre à Busiris de me voir,
mais à condition qu'elle me dispenseroit de l'aimer.
Elle s'en est remise à ma volonté. Il est venu ce
matin prendre occasion de me faire son Compliment comme les autres ; mais pour venger Pulcherie
je l'ay obligé luy même à porter aux piez de Pulcherie le Present qu'il me destinoit, & à luy offrir
l'hommage qu'il venoit me rendre. Je l'ay engagé
si adroitement, qu'il ne s'est point apperçû du tout

que je luy joüois d'un tour ; il a pris ce que je luy
ay dit pour argent contant, & s'en est allé saluer de
ma part Pulcherie, qui me vient d'écrire une Lettre
de remerciement là-dessus.

E M I L I E.

C'est à faire à vous à prendre les Gens sans Verd ;
& il y a plaisir d'avoir des Rivales aussi judicieuses
que vous l'êtes.

C I D A L I S E.

Voilà tenir trop longtemps dü serieux, il faut
que je vous fasse voir un Present d'une nouvelle
conquête que j'ay faite le plus plaisamment du
monde. L'aventure est des plus risible : Je vais vous
la conter en deux mots. Vous voyez cette Medaille
à l'antique , & ce Diamant qui a été fabriqué apparemment du temps du Roy Guillemot : Tout
cela vient d'un des plus plaisans Originaux que
jamais la Nature ait produit. Un moment de vôtre
attention, & vous allez rire à pâmer. C'est un
nouveau débarqué de Falaise, qui se fait appeller
Marquis gros comme le bras ; cependant son Pere
n'étoit qu'un Porteur-d'eau de la Croix du Tiroir ;
ce sont de ces Noblesses faites à coups de pommes.

E M I L I E.

Paris pour la plusp..rt n'est rempli que de pareilles
Noblesses, & je vous trouve fort heureuse d'avoir
la connoissance d'un semblable Gentilhomme.

C I D A L I S E.

Vous ne pourrez vous tenir de rire quand je
vous en aurai fait le recit. Bassompierre que vous
connoissez est l'unique ami qu'il se soit fait à Paris,
il luy a fait offre de ses services dés la premiere
entrevuë, & l'a obligé de le croire par cent gasco-

nades qu'il luy donna. C'étoit un pigeon à plumer, Baſſompierre ne fut pas longtemps à s'en appercevoir, il redoubla ſes ſoins auprés de luy ; & enfin il fit tant par ſes aſſiduitez & par ſes complaiſances, qu'il ſe rendit maître de lapluſpart des volontez du Normand. Il projetta en luy même de s'en divertir, & d'en tirer même un divertiſſement qui luy fût utile. Baſſompierre avoit beſoin d'une douzaine de Piſtoles pour payer ſon Auberge, & la façon d'un Habit qui étoit déja à moitié uſé : Il en communiqua le deſſein à ſon Valet, qui ne manqua pas de luy trouver un pretexte honnête pour les-tirer de ce nouveau Débarqué ; de les emprunter c'eſt faire inſulte à la generoſité d'un Gaſcon ; car entre nous, Gaſcon n'emprunte ni ne prête jamais . Le Normand l'avoit preſſé pluſieurs fois de luy donner la connoiſſance de quelques Femmes ; Baſſompierre ne luy avoit rien répondu de précis là-deſſus, parcequ'il a cela d'extraordinaire parmi ceux de ſa Nation , qu'il hait de pareilles intrigues : Cependant ſon Valet luy leva ce ſcrupule , ou plûtôt il luy fit connoître qu'il ne falloit point paroître ſi ombrageux aux yeux du Normand , & que c'étoit l'unique expedient qu'il reconnoiſſoit pour tirer de luy les dix Piſtoles. Je prends tout ſur ma conſcience, luy dit ſon Valet, ſongez ſeulement à me fournir un habit de Femme, & propoſez à vôtre duppe de donner la collation à quelques unes de vos Amies, je m'y trouverai ſous cet habit, & je vous répond des dix Piſtoles. Baſſompierre ne fut pas longtemps à rêver ſans ſe reſſouvenir d'une Damoiſelle qui demeure au quartier du Marais. Mais la difficulté qu'il y trouvoit, c'étoit de la prévenir du fait ; car

il

il se doutoit bien qu'elle ne s'accommoderoit pas volontiers d'une semblable intrigue : Il fallut s'éclaircir à fond de ce qu'il falloit faire, il fut resolu par le Valet de Bassompierre qu'il proposeroit la collation de sa part à mon Amie : Bassompierre vint luy même luy en faire le compliment en ma presence, & enfin luy fit le recit du stratagéme qu'il avoit inventé pour nous divertir ; mais il garda le tacet sur le sujet des dix Pistoles. Mon Amie qui crut que c'étoit effectivement Bassompierre qui donnoit cette collation, la reçut volontiers de sa part, & me mit de la partie, pour me faire part d'un divertissement aussi grotesque que celui qui se preparoit. Le Gascon ravi de la réussite de son entreprise, nous laisse son Valet que nous déguisâmes de la maniere la plus risible que l'on puisse imaginer. Il nous instruisit de ce que nous avions à faire, & qu'il falloit sous cet habit le faire passer pour la Maîtresse du logis. Nous nous disposâmes à recevoir Bassompierre & son Ami, qui entrerent un moment aprés. D'abord Bassompierre presenta le Normand à ce Valet déguisé, qui joüa son personnage on ne peut pas mieux. Cette Dame pretenduë luy exagera la peine qu'elle avoit à se resoudre de souffrir des visites pareilles en l'absence de son Mari, mais qu'à la consideration de Bassompierre, en qui elle avoit beaucoup de confiance, elle s'exposoit volontiers ; nous fûmes obligées mon Amie & moy de nous retirer pour ne point éclater de rire devant ce fat. La collation arriva, il fallut se mettre à table, on plaça le Normand auprés de sa Dame, & j'entendis qu'il dit tout bas à Bassompierre, qu'il luy sçavoit bon gré de luy avoir pro-

curé une connoissance aussi charmante, & qu'il
s'étoit acquité des dix Pistoles, qu'elle avoit accep-
tées à condition de les luy garder : C'étoit une in-
vention qui partoit du genie de ce Valet, dont il a-
voit prevenu Bassompierre, qui s'en étoit servi pour
tirer ce qu'il demandoit de cette pauvre duppe.
Enfin cette Dame supposée étoit entierement du
goût du Normand : Et la seule chose qu'il trouvoit
extraordinaire en elle, c'est qu'elle avoit le teint un
peu rude ; notez que ce Valet n'avoit fait faire sa
barbe que de la veille, & qu'ainsi elle commençoit
déja à pointiller ; nous redoublâmes nos éclats de
rire. Bassompierre prit ce moment pour achever
le reste de son intrigue, il sort, & se met dans un
équipage à vous faire pâmer de rire ; il étoit botté,
éperonné ; & le pretendu Mari fut bientôt de retour, il se fit entendre du bas de l'escalier, par le
claquement d'un foüet qu'il faisoit claquer avec
un tintamare horrible. La pauvre Dame parut tout
effrayée, nous nous retirâmes avec mon Amie dans
une chambre qui donne sur la ruë, & nous laissâ-
mes la Dame avec le Normand : Elle se mettoit en
état de le cacher lorsque le pretendu Mari entra
d'un air tout furieux, & vint décharger sa colere
sur ce pauvre Normand, qui couroit tout autour
de la chambre en recevant toûjours de bons coups
de bâtons ; mais il trouva moyen de se sauver en se
jettant par une fenêtre, qui par bonheur pour luy
n'étoit pas trop haute. Il arriva pour surcroît de
malheur qu'une Fille vint à jetter un seau d'eau
par une fenêtre du troisiéme étage, qui tomba tout
entier sur ce pauvre Normand ; ce fut ce qui l'acheva de peindre ; car il avoit un bel Habit qu'il n'a-

voit point encore mis que ce jour là : Il ne fut pas
mal étrêné, comme vous voyez. Que dites vous
d'une pareille aventure ? N'est-elle pas toute grotesque ?

EMILIE.

Oh! pour celui-là je ne sçaurois vous en dédire;
& la seule idée que vous m'en venez de donner,
m'en fera rire plus d'un jour.

CIDALISE.

Vous ne sçavez pas de quelle maniere Bassompierre l'a dédommagé de la perte de son Habit : Il
luy a donné cette Medaille, où il luy a fait accroire
que son Portrait & le mien étoient gravez. Je me
fais un plaisir extreme de l'entretenir dans cette
erreur : Et j'ay achevé de l'y confirmer, en luy
marquant la satisfaction que je recevois de ce Present. C'est ainsi, ma Chere, que je me divertis aux
dépens d'un fat, qui croit qu'on se fait aimer à si
bon marché.

EMILIE.

J'augurerois mal des sentimens que vous m'avez
toûjours fait paroître, si je n'en avois des preuves
aussi avantageuses que celles que vous me venez de
donner. Tréve de déguisement, je suis le frere
d'Emilie, ne prenez aucun ombrage du regal que
je me suis fait de vous prendre sans Verd ; ma
Sœur a plus de part que moy à cette metamorphose,
j'espere qu'en sa faveur vous me le pardonnerez
volontiers.

CIDALISE.

Ah! Aristippe que vous êtes malicieux, & que
j'aurois de confusion de m'être déclarée aussi ouvertement que j'ay fait à tout autre qu'à vous. Mais

C ij

n'importe, je suis ravie, puisque c'est vous, de vous avoir parlé aussi franchement que je vous ay parlé; je ne veux pas dérober tout à vôtre Sœur, & je veux luy faire part du petit divertissement que nous nous sommes donné : Et je pretends me venger du tour qu'elle m'a joüé, en luy faisant regretter le moment de ne s'y être pas trouvée.

ARISTIPPE.

Un cœur n'est jamais bon à prendre
Si l'amour ne veut l'accorder ;
Il est bon de tout entreprendre,
Mais non pas de tout hazarder.

Et puisque l'amour a si bien unis les nôtres, allons y joindre celui de ma Sœur, & nous réjoüir tous ensemble d'une alliance qui nous fasse plaisir à tous. Le Sexe vous aura obligation des petites leçons que vous venez de luy donner, & je ne doute pas qu'il n'en profite ; une autre fois ne vous laissez plus prendre sans Verd.

❊❊❊❊❊❊❊❊❊❊❊❊❊❊❊❊❊❊❊

Permis d'imprimer, Fait ce trente-uniéme May mil sept cens trois.

M. R. DE VOYER D'ARGENSON.

A PARIS,

Chez LA VEUVE LOUIS VAUGON, ruë de la Huchette, vis à vis l'Ange.

M. DCC IV.

www.ingramcontent.com/pod-product-compliance
Lightning Source LLC
LaVergne TN
LVHW012149170726
843503LV00009B/4071